# Welcome to your Easter Activity Adventure!

Inside these pages, you'll discover a vibrant mix of puzzles and creative challenges designed to celebrate the spirit of Easter and the beauty of spring. This book is crafted especially for those who love a good challenge and are ready to engage with activities that are both fun and a little more thought-provoking.

Here's what awaits you in every section:
- **Word Search:** Dive into puzzles featuring 80 carefully chosen Easter and spring-themed words.
- **Coloring Pages:** Enjoy two delightful images per section, printed with a protective black back page to keep your artwork pristine.
- **Themed Mazes**: Navigate through creative mazes where, for example, a bunny finds its way to an egg basket.
- **Spot the Differences:** Test your observation skills by comparing two similar images and finding the differences.
- **Scramble/Anagram Puzzles**: Rearrange mixed-up letters to uncover words that capture the essence of the season.

The book is divided into four thematic sections—each starting with an introductory page and followed by 25 pages of activities. Whether you're solving word searches, coloring charming illustrations, or testing your logic with mazes and puzzles, there's a little something in every section to spark your creativity and keep you entertained.

So, flip through the pages, pick an activity that catches your eye, and let the Easter adventure begin. Enjoy the challenge, have fun, and let your creativity shine!
Happy Easter and happy puzzling!

## Find the Hidden Words

| B | O | N | N | E | T | M | V | E | H | L | E | M | K |
|---|---|---|---|---|---|---|---|---|---|---|---|---|---|
| W | D | L | L | A | M | B | W | T | J | H | L | P | J |
| S | N | Z | O | L | K | R | G | F | L | R | C | Q | E |
| J | B | U | N | N | Y | T | M | U | L | P | A | M | L |
| G | V | R | B | K | Y | E | O | M | E | U | R | U | L |
| O | V | B | A | L | N | G | A | I | J | Z | R | G | Y |
| T | U | M | S | A | P | G | J | L | H | P | O | W | B |
| L | O | E | K | I | B | R | L | Z | C | N | T | J | E |
| M | Z | A | E | F | G | N | G | Z | H | R | S | K | A |
| Q | F | S | T | D | L | J | N | P | I | T | R | N | N |
| Z | X | T | M | N | M | Q | Z | E | C | L | I | O | E |
| Q | G | E | W | F | Z | T | P | E | K | E | L | J | X |
| G | V | R | P | G | L | L | B | P | Z | X | E | C | L |
| N | W | I | S | L | Q | H | G | W | Y | C | I | U | B |

## BASKET - BUNNY - CHICK - EGG
## LAMB - BONNET - CARROT
## EASTER - JELLYBEAN - PEEP

## Find the Hidden Words

| N | S | K | Y | G | D | C | H | M | T | P | B | S | E |
|---|---|---|---|---|---|---|---|---|---|---|---|---|---|
| U | J | O | S | P | A | A | Y | K | T | Y | A | D | G |
| X | E | M | P | P | F | N | F | J | P | P | N | N | G |
| C | G | Z | R | Q | F | D | C | G | L | H | G | J | H |
| U | G | B | I | U | O | Y | B | T | F | O | F | A | U |
| L | R | L | N | K | D | N | P | J | R | Y | I | T | N |
| Z | O | O | G | S | I | S | O | P | R | G | V | F | T |
| V | L | O | B | Z | L | Z | U | N | C | F | A | L | U |
| K | L | M | T | U | L | I | P | L | Y | X | L | O | E |
| L | M | A | J | U | R | P | W | P | L | W | A | W | K |
| O | W | Z | C | H | O | C | O | L | A | T | E | E | T |
| O | B | W | N | L | O | P | Q | B | U | Q | W | R | N |
| B | Z | X | W | H | I | G | A | R | D | E | N | Z | M |
| G | C | G | I | Q | B | Z | H | V | I | S | P | C | K |

**BLOOM - CHOCOLATE - EGGHUNT
FLOWER - SPRING - CANDY
DAFFODIL - EGGROLL
GARDEN - TULIP**

## Find the Hidden Words

| | | | | | | | | | | | |
|---|---|---|---|---|---|---|---|---|---|---|---|
| J | J | T | Q | O | L | F | C | Q | D | T | H | I | E |
| P | I | M | D | I | T | B | I | R | D | N | W | J | W |
| R | K | X | Y | F | O | S | L | I | L | Y | F | F | K |
| L | G | R | X | X | D | A | I | S | Y | R | W | N | Q |
| Y | L | E | K | Y | B | U | T | T | E | R | F | L | Y |
| O | W | O | C | L | U | L | M | W | P | H | G | H | A |
| S | E | E | K | A | Y | I | I | K | T | A | W | R | H |
| E | A | T | G | R | H | I | D | E | N | E | I | A | D |
| A | J | E | S | C | O | S | B | H | J | M | Y | D | Z |
| T | Z | L | D | H | G | H | O | P | C | P | Y | A | W |
| L | V | V | K | K | U | E | N | E | S | T | L | O | H |
| V | Z | W | H | D | P | I | I | G | M | U | U | L | I |
| V | D | E | Y | C | O | L | O | R | C | V | B | Z | C |
| X | V | V | J | R | G | D | J | U | M | P | S | D | G |

**BIRD - COLOR - HIDE - JUMP
NEST - BUTTERFLY - DAISY
HOP - LILY - SEEK**

## Find the Hidden Words

| Z | T | Z | W | U | M | N | T | P | I | U | M | B | I |
|---|---|---|---|---|---|---|---|---|---|---|---|---|---|
| J | F | J | O | C | F | G | R | A | S | S | D | T | P |
| B | P | O | P | F | G | R | V | S | P | R | O | U | T |
| Z | Z | H | A | P | P | Y | J | L | B | C | B | L | N |
| R | A | I | N | B | O | W | V | J | W | Z | P | W | X |
| Q | L | I | Q | O | S | C | X | Q | J | O | Y | O | G |
| K | T | G | F | M | M | G | X | J | I | R | L | W | N |
| E | X | X | G | I | R | S | U | N | S | H | I | N | E |
| G | O | P | A | I | N | T | O | P | I | A | U | I | E |
| N | C | E | E | C | L | O | V | E | V | V | R | A | Q |
| Y | X | H | G | B | L | O | S | S | O | M | F | D | V |
| Q | U | L | U | O | C | Y | K | G | V | H | Z | F | G |
| H | P | Z | N | Y | A | I | I | L | E | Q | A | A | X |
| D | K | D | R | A | W | P | X | J | B | Q | O | X | C |

**BLOSSOM - GRASS - JOY - PAINT
DRAW - HAPPY - LOVE
SPROUT - RAINBOW - SUNSHINE**

## Find the Hidden Words

| W | L | K | B | U | N | N | Y | H | O | P | H | I | B |
|---|---|---|---|---|---|---|---|---|---|---|---|---|---|
| X | F | X | K | W | S | N | I | V | B | Y | K | N | T |
| Q | H | W | E | J | V | I | D | T | B | Y | B | I | I |
| Z | R | P | C | O | T | T | O | N | T | A | I | L | Z |
| N | H | S | P | R | I | N | G | T | I | M | E | O | J |
| L | W | S | H | A | R | E | J | P | A | R | A | D | E |
| K | J | Y | D | D | K | T | F | L | U | F | F | Y | U |
| P | A | S | T | E | L | A | X | J | X | E | T | R | S |
| Q | C | C | T | F | Q | C | R | M | J | Q | T | W | Z |
| V | N | D | O | Y | P | F | A | M | I | L | Y | J | H |
| E | J | O | L | I | S | I | C | T | K | G | I | V | J |
| W | C | A | K | Z | F | E | S | T | I | V | A | L | H |
| Z | X | E | M | K | A | C | K | O | W | H | Y | V | W |
| U | Y | U | W | X | F | E | A | S | T | M | D | O | J |

# BUNNYHOP - FAMILY - FESTIVAL
# PARADE - SHARE - COTTONTAIL
# FEAST - FLUFFY
# PASTEL - SPRINGTIME

## Find the Hidden Words

| M | O | J | O | W | E | C | H | E | E | R | U | R | Z |
|---|---|---|---|---|---|---|---|---|---|---|---|---|---|
| G | L | L | C | H | I | R | P | I | Y | I | X | J | K |
| B | U | A | S | X | F | N | D | R | V | S | C | K | R |
| G | Q | Q | S | F | W | J | M | D | E | D | A | Q | G |
| G | D | S | W | E | E | T | G | A | D | F | C | R | P |
| D | K | M | M | V | R | C | O | D | J | V | Z | X | W |
| U | P | A | R | T | Y | S | M | I | L | E | S | O | U |
| J | O | Y | F | U | L | F | U | Z | Z | Y | Q | C | S |
| K | G | O | C | F | B | A | K | X | G | E | L | I | K |
| S | V | F | E | S | T | I | V | E | X | T | U | B | M |
| F | W | K | J | F | I | A | E | Y | K | Y | M | U | E |
| M | L | C | E | L | E | B | R | A | T | E | P | L | N |
| G | J | J | P | B | G | Q | D | U | V | H | A | R | E |
| R | A | A | F | A | I | A | I | J | N | E | H | H | V |

**CELEBRATE - CHIRP - FUZZY
JOYFUL - SMILE - CHEER - FESTIVE
HARE - PARTY - SWEET**

## Find the Hidden Words

| | | | | | | | | | | |
|---|---|---|---|---|---|---|---|---|---|---|
| N | J | S | H | C | C | G | L | E | E | T | O | E | W |
| R | Q | R | B | D | Y | E | O | F | U | Q | M | X | P |
| S | N | U | G | G | L | E | Z | J | S | O | N | W | H |
| R | P | C | B | O | U | N | C | E | V | F | E | T | T |
| C | V | V | S | C | H | E | E | R | F | U | L | G | K |
| F | D | V | E | F | R | O | L | I | C | D | D | F | L |
| L | B | I | R | B | T | H | M | D | W | A | R | M | W |
| Y | V | K | Z | D | N | M | X | L | K | H | M | M | Q |
| J | W | S | Z | W | H | F | K | F | I | L | W | K | E |
| Z | N | P | L | P | R | A | N | C | E | U | T | F | J |
| D | N | J | F | S | P | R | I | N | K | L | E | B | M |
| C | I | P | X | S | M | Z | Y | Z | W | O | R | Q | T |
| V | Q | T | C | R | C | U | D | D | L | E | P | N | B |
| M | H | F | A | H | B | B | F | X | N | W | X | F | I |

**BOUNCE - CUDDLE - FROLIC
PRANCE - SPRINKLE - CHEERFUL
DYE - GLEE - SNUGGLE - WARM**

# Coloring Page for Kids

## Coloring Page for Kids

# Find the Path and Solve the Maze

## Find the Path and Solve the Maze

# Find the Path and Solve the Maze

# Find the Path and Solve the Maze

# Find the Path and Solve the Maze

# Can You Spot the 10 Differences?

# Can You Spot the 6 Differences?

# Can You Spot the 10 Differences?

# Can You Spot the 5 Differences?

# Can You Spot the 7 Differences?

## Rearrange the Letters and Discover the Correct Word

### RTAEES

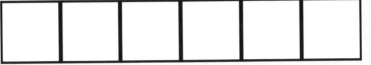

### YBNUN

### EBSAKT

**Rearrange the Letters and Discover the Correct Word**

# IHCKC

# MLBA

# EEPP

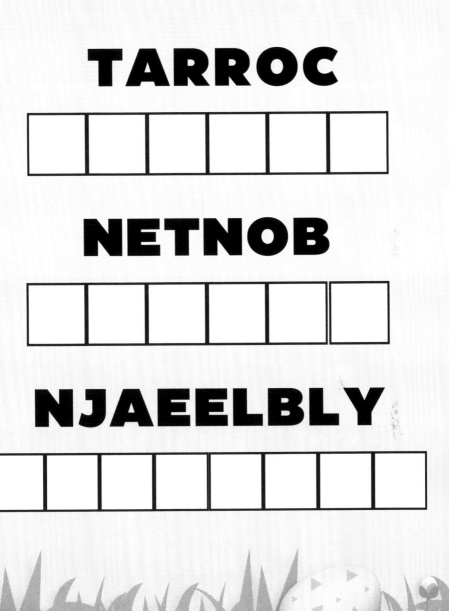

**Rearrange the Letters and Discover the Correct Word**

# ECTHAOLCO

# ACDNY

| c | a | n | d | y |

# UTNGEGH

# SPRING & NATURE

## Find the Hidden Words

| | | | | | | | | | | |
|---|---|---|---|---|---|---|---|---|---|---|
| D | B | C | R | A | I | N | B | O | W | S | F | S | W |
| K | K | D | Z | K | Z | Z | J | W | J | U | M | W | M |
| I | D | A | G | X | O | S | I | F | I | N | X | P | R |
| A | J | N | U | W | S | P | O | L | D | S | P | V | E |
| G | A | R | D | E | N | F | R | O | B | H | E | M | Y |
| H | B | B | L | A | T | S | G | W | R | I | T | J | W |
| L | D | L | Z | K | M | V | M | E | L | N | A | F | Y |
| P | H | O | J | M | U | N | I | R | P | E | L | Z | W |
| X | S | O | E | M | V | B | L | V | U | A | E | G | C |
| D | P | M | O | G | E | G | B | D | D | R | Y | P | N |
| V | R | W | D | R | A | K | U | E | M | A | W | Q | W |
| C | I | K | T | A | V | B | D | E | W | I | E | R | W |
| V | N | R | S | S | Q | H | K | Y | C | N | Q | M | H |
| V | G | J | D | S | Y | R | I | S | K | S | R | W | C |

**BLOOM - FLOWER - GRASS - RAIN
SPRING - BUD - GARDEN
PETAL - RAINBOW - SUNSHINE**

## Find the Hidden Words

| T | A | E | U | E | N | P | H | N | H | S | B | X | J |
|---|---|---|---|---|---|---|---|---|---|---|---|---|---|
| A | B | I | R | D | P | T | R | E | E | S | U | Y | U |
| B | C | J | B | M | Y | D | R | H | R | I | T | C | D |
| R | S | N | Q | M | A | N | P | L | J | T | T | V | K |
| A | P | Y | V | B | L | O | S | S | O | M | E | P | A |
| N | R | Y | J | A | K | N | L | P | W | D | R | F | J |
| C | O | R | I | G | I | U | N | B | I | N | F | S | H |
| H | U | A | V | I | L | A | E | W | Q | H | L | H | C |
| N | T | X | U | E | W | L | S | T | D | W | Y | X | M |
| B | V | M | M | C | H | E | T | D | J | B | E | E | F |
| X | S | E | E | D | Y | A | Y | E | B | P | G | X | E |
| C | G | J | Z | E | C | F | V | X | G | V | T | H | P |
| E | K | E | H | J | D | F | B | I | Y | Q | B | F | B |
| X | Y | A | E | B | R | A | K | I | U | X | F | G | M |

**BEE - BLOSSOM - BUTTERFLY
NEST - SPROUT - BIRD - BRANCH
LEAF - SEED - TREE**

## Find the Hidden Words

| | | | | | | | | | | |
|---|---|---|---|---|---|---|---|---|---|---|
| J | A | H | R | U | S | T | R | E | A | M | Q | R | J |
| E | B | U | A | C | D | Y | R | D | F | B | Z | N | N |
| K | N | U | D | V | L | J | Z | R | Q | R | C | C | K |
| V | G | K | O | B | B | P | Y | M | R | L | A | K | E |
| H | N | W | F | M | E | A | D | O | W | L | D | T | K |
| Q | I | S | K | Y | J | L | C | L | O | U | D | M | S |
| D | Q | W | M | Z | V | I | C | X | U | L | T | T | L |
| G | C | S | M | G | F | L | V | I | R | E | P | A | H |
| W | V | X | T | R | I | V | E | R | G | W | Y | G | V |
| A | T | F | T | P | O | N | D | L | K | E | U | G | T |
| G | O | C | E | A | N | M | F | E | D | Z | I | Z | R |
| R | J | T | F | I | E | L | D | Z | I | N | Z | V | R |
| R | A | I | N | D | R | O | P | X | S | Y | G | Q | F |
| Y | L | A | Y | W | H | G | J | F | U | P | J | M | J |

**CLOUD - LAKE - OCEAN - RAINDROP
SKY - FIELD - MEADOW
POND - RIVER - STREAM**

## Find the Hidden Words

| | | | | | | | | | | | |
|---|---|---|---|---|---|---|---|---|---|---|---|
| E | V | X | Y | I | P | C | T | X | K | M | K | L | I |
| T | W | Z | H | S | S | B | M | J | M | Y | I | Y | I |
| B | N | H | M | P | N | P | W | I | N | D | F | O | Y |
| L | F | U | E | O | G | T | P | I | E | A | R | T | H |
| F | D | X | X | F | M | G | Z | Y | Y | U | H | B | Y |
| Y | T | C | L | D | N | M | Z | E | Q | R | D | I | O |
| S | H | V | T | S | U | M | T | J | Y | J | T | S | W |
| J | B | Z | V | F | R | E | S | H | E | X | S | Z | V |
| X | A | B | R | E | E | Z | E | K | S | Q | L | I | J |
| B | T | M | A | R | S | O | I | L | F | G | Q | K | I |
| B | L | U | E | Z | R | H | C | G | R | E | E | N | P |
| R | L | I | O | M | Q | P | U | D | D | L | E | B | S |
| N | D | V | S | M | U | D | Q | J | O | L | J | H | D |
| R | B | W | N | A | T | U | R | E | A | H | I | T | T |

**BLUE - EARTH - GREEN - NATURE
SOIL - BREEZE - FRESH
MUD - PUDDLE - WIND**

## Find the Hidden Words

| R | X | V | M | K | V | L | V | S | A | F | E | G | B |
|---|---|---|---|---|---|---|---|---|---|---|---|---|---|
| E | E | W | M | C | C | L | G | K | C | A | N | T | O |
| A | U | A | U | Y | S | Q | U | I | R | R | E | L | I |
| E | I | R | P | K | Z | D | W | I | L | D | N | T | Y |
| G | J | G | T | I | T | R | E | E | H | O | U | S | E |
| Y | N | D | Q | D | Y | M | O | R | U | K | O | G | H |
| Y | W | X | B | J | S | F | M | A | M | F | S | Y | N |
| S | R | U | B | M | J | S | G | G | R | F | O | L | F |
| F | M | I | B | X | I | N | S | E | C | T | G | D | A |
| R | O | X | Y | X | L | C | Q | N | N | I | L | H | Z |
| N | D | R | A | G | O | N | F | L | Y | S | X | I | X |
| W | F | O | R | E | S | T | I | W | F | K | P | W | U |
| C | R | I | T | T | E | R | C | D | Z | L | M | S | M |
| L | A | D | Y | B | U | G | R | A | B | B | I | T | T |

**ANT - DRAGONFLY - INSECT
TREEHOUSE - CRITTER - FOREST
LADYBUG - SQUIRREL
WILD - RABBIT**

## Find the Hidden Words

| | | | | | | | | | |
|---|---|---|---|---|---|---|---|---|---|
| D | L | M | L | S | T | R | A | W | B | E | R | R | Y |
| G | D | P | E | C | H | E | R | R | Y | W | J | I | Q |
| E | E | E | V | L | A | P | P | L | E | X | Z | I | V |
| K | T | V | D | S | A | P | L | I | N | G | J | E | K |
| T | D | E | W | G | I | X | P | E | K | G | E | P | Y |
| H | R | M | D | C | E | Z | X | N | P | D | K | U | Q |
| D | E | T | F | B | F | F | O | X | R | V | I | N | E |
| D | E | E | R | H | V | J | F | W | P | L | H | E | M |
| L | M | Y | S | X | L | Y | J | S | D | C | J | M | M |
| E | A | R | T | H | W | O | R | M | S | T | D | Q | Y |
| P | Z | S | I | T | M | M | F | R | F | I | C | Y | C |
| Z | B | I | X | S | M | P | E | J | F | D | E | Z | O |
| Z | L | H | Q | A | P | R | I | C | O | T | X | V | P |
| K | H | I | C | S | E | X | M | B | G | E | T | R | F |

# APPLE - CHERRY - DEW - FOX
# STRAWBERRY - APRICOT - DEER
# EARTHWORM - SAPLING - VINE

## Find the Hidden Words

| H | U | M | R | Z | Q | D | O | H | U | J | N | C | F |
|---|---|---|---|---|---|---|---|---|---|---|---|---|---|
| U | F | L | U | T | T | E | R | N | B | O | J | N | Y |
| V | S | L | A | R | K | Y | T | U | L | I | P | Z | W |
| U | G | J | B | B | O | R | C | H | I | D | Q | D | J |
| X | V | J | Y | S | S | P | O | P | P | Y | F | C | U |
| J | M | P | S | B | L | P | R | Y | M | X | J | Y | Z |
| O | G | S | O | W | V | S | O | N | G | B | I | R | D |
| Y | J | I | M | Z | W | V | K | C | I | S | A | U | X |
| T | L | Q | Q | E | A | X | I | L | R | U | Y | Q | L |
| Z | V | F | C | L | Q | X | D | A | I | S | Y | Y | L |
| P | P | N | K | L | S | J | R | C | H | I | R | P | T |
| K | T | L | S | U | N | F | L | O | W | E | R | R | Q |
| E | Y | D | A | F | F | O | D | I | L | Q | J | A | Z |
| C | R | Q | K | S | O | D | V | X | H | S | P | M | N |

**CHIRP - DAISY - LARK - POPPY
SUNFLOWER - DAFFODIL - FLUTTER
ORCHID - SONGBIRD - TULIP**

## Coloring Page for Kids

# Coloring Page for Kids

**Find the Path and Solve the Maze**

# Find the Path and Solve the Maze

# Find the Path and Solve the Maze

# Find the Path and Solve the Maze

**Find the Path and Solve the Maze**

# Can You Spot the 10 Differences?

# Can You Spot the 10 Differences?

# Can You Spot the 6 Differences?

**Rearrange the Letters and Discover the Correct Word**

# PSIRGN

# LOBOM

# WELOFR

**Rearrange the Letters and Discover the Correct Word**

# GEDARN

# SASGR

# NIRA

**Rearrange the Letters and Discover the Correct Word**

# TEPLA

# HBCRNA

# MOSSOBL

**Rearrange the Letters and Discover the Correct Word**

# UTORSP

# EAMWOD

# IFLDE

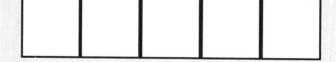

**Rearrange the Letters and Discover the Correct Word**

# RETSMA

# VERIR

# NODP

**Rearrange the Letters and Discover the Correct Word**

# NIPORDRA

# ACTIONS & GAME

## Find the Hidden Words

| | | | | | | | | | |
|---|---|---|---|---|---|---|---|---|---|
| I | I | E | X | V | T | W | O | K | V | F | C | W | K |
| M | S | H | U | Q | C | S | E | M | Y | B | N | C | P |
| S | R | O | I | V | Q | P | R | U | N | X | O | G | Y |
| N | U | P | H | S | B | I | J | W | Z | H | V | N | E |
| Y | P | U | U | C | A | N | X | C | M | S | R | A | J |
| J | J | W | M | B | H | A | J | N | K | C | A | O | I |
| U | J | Y | Z | W | O | D | F | G | E | X | C | D | Q |
| M | K | Z | G | V | K | L | B | B | R | N | E | M | Z |
| P | L | Q | N | P | F | U | P | F | V | Z | H | O | O |
| Z | K | F | B | O | U | N | C | E | X | E | L | E | Q |
| W | W | N | M | J | A | X | F | Z | B | Q | L | L | G |
| W | I | G | G | L | E | C | K | W | N | A | R | H | Z |
| I | I | F | Y | Y | Y | X | S | K | I | P | E | H | S |
| T | I | P | T | O | E | C | R | A | W | L | O | E | H |

## BOUNCE - HOP - RACE - SKIP
## TIPTOE - CRAWL - JUMP
## RUN - SPIN - WIGGLE

# Find the Hidden Words

| | | | | | | | | | | |
|---|---|---|---|---|---|---|---|---|---|---|
| S | S | D | T | R | O | L | L | S | V | M | N | D | X |
| R | C | S | N | Y | R | E | C | P | V | Y | W | I | D |
| N | U | L | O | H | D | K | H | R | S | W | I | N | G |
| Q | R | I | P | L | E | A | P | I | R | S | U | M | L |
| J | R | D | J | K | G | K | B | N | D | Q | E | X | O |
| M | Y | E | E | Q | Z | A | F | T | D | T | M | E | K |
| M | F | V | I | Z | P | V | D | I | A | R | R | B | D |
| J | W | A | X | H | O | V | G | F | S | O | S | R | R |
| G | O | M | P | J | U | C | D | J | H | T | K | U | C |
| D | Q | M | Z | I | N | P | O | T | K | M | V | Z | L |
| Q | E | F | N | H | C | Z | F | V | I | K | N | A | I |
| J | P | N | G | D | E | M | Y | R | N | I | I | K | M |
| N | J | S | U | F | R | Z | Q | S | O | A | G | W | B |
| R | E | Y | V | U | Y | L | M | M | D | Y | R | E | P |

## CLIMB - LEAP - ROLL
## SLIDE - SWING - DASH - POUNCE
## SCURRY - SPRINT - TROT

## Find the Hidden Words

| G | Z | H | S | U | R | X | O | O | L | D | D | Y | A |
|---|---|---|---|---|---|---|---|---|---|---|---|---|---|
| H | A | O | A | H | U | N | T | S | E | A | R | C | H |
| C | T | A | W | D | O | P | F | Q | U | P | O | Q | K |
| A | A | P | H | E | F | S | B | G | E | W | T | E | H |
| Y | O | L | L | J | K | I | O | A | C | K | C | P | P |
| N | R | A | K | M | U | N | U | T | M | T | N | L | T |
| D | J | Y | L | L | R | G | N | H | R | O | K | Y | G |
| T | R | O | Y | K | K | G | D | E | Y | A | S | B | W |
| N | Z | Q | W | I | Q | C | K | R | L | A | U | G | H |
| U | B | Q | H | C | D | A | P | P | R | E | N | D | D |
| S | U | P | D | K | F | V | X | O | W | X | I | O | W |
| F | I | N | D | S | M | U | A | P | D | Y | S | Q | N |
| R | Y | R | A | C | H | E | E | R | J | D | U | A | W |
| D | I | S | C | O | V | E | R | K | U | J | J | Y | T |

**BOUND - DISCOVER - GATHER - KICK
PLAY - CHEER - FIND
HUNTSEARCH - LAUGH - SING**

## Find the Hidden Words

| | | | | | | | | | | | |
|---|---|---|---|---|---|---|---|---|---|---|---|
| V | Y | L | S | Z | M | Z | X | I | V | R | O | P | C |
| E | P | Q | S | L | B | P | D | U | R | D | T | A | J |
| J | I | G | O | E | C | O | L | O | R | E | C | I | P |
| C | W | N | B | X | T | G | N | S | L | C | L | N | X |
| Z | B | O | F | R | G | I | Q | Q | K | O | A | T | Y |
| T | C | E | H | W | N | G | K | L | Q | R | P | J | A |
| L | E | C | C | G | E | G | H | A | K | A | F | D | A |
| R | C | H | A | G | E | L | X | U | E | T | D | Q | E |
| F | C | P | A | C | A | E | T | D | L | E | J | A | E |
| I | C | E | L | F | L | H | I | D | B | A | C | J | C |
| W | R | D | R | A | W | L | C | A | U | Y | X | A | E |
| O | A | F | U | K | Y | R | K | N | I | G | U | R | Q |
| T | F | P | L | N | E | D | L | C | L | L | S | O | M |
| W | T | T | R | V | A | X | E | E | D | O | O | O | W |

**BUILD - COLOR - DANCE - DRAW
PAINT - CLAP - CRAFT
DECORATE - GIGGLE - TICKLE**

## Find the Hidden Words

| | | | | | | | | | | |
|---|---|---|---|---|---|---|---|---|---|---|
| A | W | Z | C | Q | S | C | A | M | P | E | R | R | S |
| C | S | S | T | C | R | E | A | T | E | V | F | T | S |
| P | A | Q | W | K | L | T | O | O | S | A | L | A | F |
| U | S | M | I | Q | N | W | C | Z | H | Z | C | R | U |
| U | H | F | R | O | L | I | C | H | A | C | F | V | F |
| Z | A | O | L | L | G | S | Z | G | R | Z | G | K | L |
| J | Y | F | M | J | O | T | M | A | E | X | T | B | Y |
| N | E | X | P | L | O | R | E | P | J | V | R | D | V |
| R | N | N | B | Q | K | O | W | G | M | K | N | O | H |
| I | D | N | D | S | R | O | M | P | O | K | A | T | J |
| S | A | C | A | V | O | R | T | Z | M | L | M | D | C |
| S | Z | Y | K | W | H | H | Z | Y | K | E | A | F | E |
| B | F | D | R | C | G | S | A | T | Z | U | L | B | L |
| Y | V | F | F | O | O | D | R | W | O | C | F | X | V |

**CAVORT - EXPLORE - ROMP
SCAMPER - TWIRL - CREATE - FROLIC
SASHAY - SHARE - TWIST**

## Find the Hidden Words

| S | C | M | A | R | C | H | R | Z | H | B | Z | O | X |
|---|---|---|---|---|---|---|---|---|---|---|---|---|---|
| C | Q | H | I | I | D | W | F | G | S | N | T | J | G |
| O | N | U | O | E | D | P | Q | P | T | S | C | A | C |
| O | K | D | B | V | W | X | S | E | R | K | U | L | W |
| T | Y | Q | D | I | A | A | H | W | U | I | D | O | K |
| Y | B | S | H | A | K | E | U | K | T | N | D | K | E |
| S | K | I | T | T | E | R | G | Q | I | X | L | T | R |
| S | H | U | F | F | L | E | A | P | P | D | E | L | I |
| O | O | N | F | L | I | T | S | D | B | M | P | L | F |
| N | Z | N | Y | O | V | M | I | V | P | S | K | K | B |
| Z | J | N | F | R | Z | N | K | V | Z | T | I | Y | P |
| S | X | O | Z | N | J | E | G | Q | G | O | H | E | X |
| G | O | X | V | Q | G | V | Z | Y | T | M | R | P | Y |
| Y | V | M | Y | L | U | F | F | V | Z | P | U | T | K |

## CUDDLE - HUG - SCOOT - SHUFFLE
## STOMP - FLIT - MARCH
## SHAKE - SKITTER - STRUT

## Find the Hidden Words

| A | E | X | Y | F | H | I | D | E | F | I | D | N | C |
|---|---|---|---|---|---|---|---|---|---|---|---|---|---|
| X | E | V | E | Y | K | W | F | B | A | F | C | S | O |
| Q | Q | X | T | I | F | W | K | O | V | F | A | D | L |
| V | N | G | N | S | M | U | H | P | Z | L | T | P | L |
| A | S | N | U | G | G | L | E | R | O | I | D | R | E |
| E | B | R | F | N | E | C | Z | Q | O | P | D | B | C |
| X | U | I | J | L | R | L | T | L | M | V | T | D | T |
| G | M | W | U | Y | S | Y | A | X | Q | Y | U | R | P |
| P | A | A | G | P | M | B | P | S | Y | U | G | I | Y |
| G | A | J | G | M | R | F | C | X | G | J | W | B | B |
| S | I | M | L | P | G | Y | K | G | M | B | G | B | S |
| Q | Y | M | E | K | V | T | Y | G | U | T | E | L | R |
| H | I | G | H | - | F | I | V | E | A | Z | D | E | V |
| W | J | P | N | X | O | F | S | E | W | J | E | A | Q |

**BOP - DRIBBLE - HIDE - JUGGLE
TAP - COLLECT - FLIP
HIGH-FIVE - SNUGGLE - ZOOM**

# Coloring Page for Kids

## Coloring Page for Kids

**Find the Path and Solve the Maze**

# Can You Spot the
# 12 Differences?

# Can You Spot the
# 12 Differences?

# Can You Spot the 10 Differences?

# Can You Spot the 10 Differences?

**Rearrange the Letters and Discover the Correct Word**

# CENBOU

# GLEGIW

# LWRAC

**Rearrange the Letters and Discover the Correct Word**

# PITTOE

| T | i | p | t | o | e |
|---|---|---|---|---|---|

# TISRPN

| | | | | | |
|---|---|---|---|---|---|

# LORL

| | | | |
|---|---|---|---|

**Rearrange the Letters and Discover the Correct Word**

# LISED

# BCILM

# WISGN

**Rearrange the Letters and Discover the Correct Word**

# CEPONU

# CYSURR

# PALE

# EMOTIONS &

# CELEBRATIONS

## Find the Hidden Words

| L | O | J | C | L | A | U | G | H | T | E | R | M | N |
|---|---|---|---|---|---|---|---|---|---|---|---|---|---|
| Y | O | W | Y | E | S | M | I | L | E | W | W | G | T |
| J | O | R | M | Z | M | T | I | B | L | L | A | N | N |
| C | U | N | N | M | D | E | D | Z | N | C | O | W | N |
| V | H | B | K | U | E | B | R | Q | S | T | I | V | Z |
| E | Y | E | S | F | L | E | F | R | L | W | J | A | E |
| V | P | W | E | N | I | M | A | B | Y | J | W | S | Z |
| H | D | M | M | R | G | G | M | S | R | C | Y | F | C |
| A | B | W | C | Q | H | O | I | D | G | K | M | H | V |
| P | W | S | T | T | T | X | L | C | N | A | X | Z | L |
| P | L | C | Q | C | J | O | Y | F | L | D | R | M | X |
| Y | G | Z | Y | C | I | W | V | O | U | J | C | J | T |
| O | V | V | Y | N | H | N | B | F | C | N | Q | K | W |
| S | H | Z | N | R | U | J | M | T | G | I | E | P | J |

## CHEER - FAMILY - HAPPY
## LAUGHTER - MERRY - DELIGHT
## FUN - JOY - LOVE - SMILE

# Find the Hidden Words

| E | A | Z | H | K | J | N | P | H | U | G | S | Y | M |
|---|---|---|---|---|---|---|---|---|---|---|---|---|---|
| Y | E | R | K | I | N | D | I | M | R | M | M | C | P |
| U | B | Q | Y | G | F | S | H | Z | F | U | T | C | D |
| P | W | A | U | W | H | L | U | G | S | I | S | Y | L |
| U | A | X | T | O | G | E | T | H | E | R | L | X | I |
| B | R | W | H | U | W | N | F | R | I | E | N | D | S |
| Z | M | J | R | C | Y | T | U | H | M | C | Y | Y | S |
| M | B | O | R | E | T | S | H | Z | C | G | M | K | C |
| B | B | J | Q | W | X | R | R | A | Z | A | I | X | O |
| G | L | A | D | H | N | C | L | D | N | D | U | J | Z |
| P | L | A | Y | F | U | L | I | M | R | K | J | L | Y |
| F | S | J | S | B | B | Y | B | T | Z | N | F | A | J |
| F | I | W | D | Z | B | H | Q | I | E | Q | W | U | Z |
| X | T | W | T | L | Q | I | T | V | M | D | L | L | L |

**COZY - FRIENDS - HUGS
PLAYFUL - TOGETHER - EXCITED
GLAD - KIND - THANKFUL - WARM**

# Find the Hidden Words

| G | J | J | R | N | P | T | L | R | P | C | D | U | S |
|---|---|---|---|---|---|---|---|---|---|---|---|---|---|
| C | L | O | C | Z | H | A | N | R | F | E | E | I | S |
| K | S | B | F | U | Z | D | G | Y | Y | A | F | S | V |
| X | H | S | N | A | D | X | O | K | S | W | E | E | T |
| P | P | E | A | C | E | D | T | W | N | H | L | K | A |
| F | O | A | M | X | H | T | L | B | R | S | M | B | J |
| S | J | J | W | A | N | Y | Q | E | Z | S | G | Q | K |
| P | C | F | S | F | Y | Y | U | N | S | T | S | J | U |
| A | A | H | H | D | X | R | I | T | Y | E | Q | D | B |
| R | L | J | I | G | B | Y | E | B | F | G | K | F | B |
| K | M | C | N | U | I | B | T | B | R | I | G | H | T |
| L | K | K | Y | D | Q | G | E | N | T | L | E | D | W |
| E | F | O | N | G | J | O | L | L | Y | Y | L | S | K |
| S | Q | Q | Q | X | J | S | L | Y | G | I | S | I |   |

# BRIGHT - CUDDLES - JOLLY - QUIET
# SPARKLE - CALM - GENTLE
# PEACE - SHINY - SWEET

## Find the Hidden Words

| F | K | Y | G | M | E | P | B | V | S | P | F | C | W |
|---|---|---|---|---|---|---|---|---|---|---|---|---|---|
| A | W | S | I | S | D | O | S | Y | H | K | F | I | T |
| U | F | V | G | M | U | F | T | H | A | Y | E | C | G |
| U | N | A | G | P | T | A | O | A | R | S | S | P | X |
| F | H | O | L | R | X | M | G | S | I | N | T | E | C |
| D | G | P | E | W | W | I | E | L | N | U | I | Q | O |
| P | R | T | S | K | G | L | T | U | G | G | V | V | V |
| O | V | J | U | I | B | Y | H | H | D | G | E | E | M |
| S | P | C | P | N | C | T | E | S | N | L | F | L | H |
| E | E | H | T | D | A | I | R | B | P | Y | O | J | O |
| C | N | E | B | N | R | M | N | S | H | K | X | R | Z |
| I | J | E | Q | E | I | E | E | O | J | D | E | H | Z |
| A | A | R | E | S | N | G | S | D | K | T | S | N | C |
| N | A | Y | B | S | G | Y | S | J | O | Y | F | U | L |

**CARING - FAMILYTIME - GIGGLES
KINDNESS - SNUGGLY - CHEERY
FESTIVE - JOYFUL
SHARING - TOGETHERNESS**

# Coloring Page for Kids

# Coloring Page for Kids

# Find the Path and Solve the Maze

# Find the Path and Solve the Maze

# Find the Path and Solve the Maze

# Find the Path and Solve the Maze

# Can You Spot the 6 Differences?

# Can You Spot the 10 Differences?

**Rearrange the Letters and Discover the Correct Word**

# PPHAY

# VELO

# MILYFA

**Rearrange the Letters and Discover the Correct Word**

# MSLIE

# REECH

# YRERM

# CONCLUSION

YOU'VE REACHED THE END OF YOUR EASTER ACTIVITY ADVENTURE, AND I HOPE EVERY PAGE HAS BROUGHT YOU JOY, CHALLENGED YOUR MIND, AND SPARKED YOUR CREATIVITY. THANK YOU FOR JOINING ME ON THIS JOURNEY THROUGH WORD SEARCHES, COLORING PAGES, MAZES, SPOT-THE-DIFFERENCES PUZZLES, AND SCRAMBLE CHALLENGES—ALL DESIGNED TO CELEBRATE THE MAGIC OF EASTER AND THE BEAUTY OF SPRING.

AS YOU CLOSE THIS BOOK, TAKE A MOMENT TO REFLECT ON THE FUN AND LEARNING YOU'VE EXPERIENCED. YOUR ENTHUSIASM AND EFFORT MAKE EVERY PUZZLE AND CHALLENGE WORTHWHILE, AND I TRULY APPRECIATE THE TIME YOU'VE SPENT EXPLORING THESE ACTIVITIES.

IF YOU ENJOYED THE ADVENTURE, PLEASE CONSIDER LEAVING A REVIEW ON AMAZON. YOUR FEEDBACK IS INVALUABLE TO ME AS AN INDEPENDENT AUTHOR AND HELPS INSPIRE FUTURE PROJECTS.

WISHING YOU ENDLESS CREATIVITY, JOY, AND A VERY HAPPY EASTER. UNTIL OUR NEXT ADVENTURE—KEEP SMILING AND KEEP PUZZLING!

# SOLUTIONS

## Word Search and find the differences Anagram Puzzle Game

# EASTER WORDS

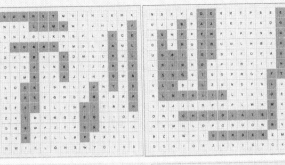
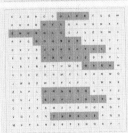

EASTER   CHICK   CARROT      CHOCOLATE
BUNNY    LAMB    BONNET      CANDY
BASKET   PEEP    JELLYBEAN   EGGHUNT

**SPRING & NATURE**

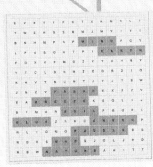
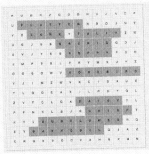

SPRING       GARDEN    PETAL
BLOOM        GRASS     BRANCH
FLOWER       RAIN      BLOSSOM

SPROUT       STREAM    RAINDROP
MEADOW       RIVER
FIELD        POND

## ACTIONS & GAMES

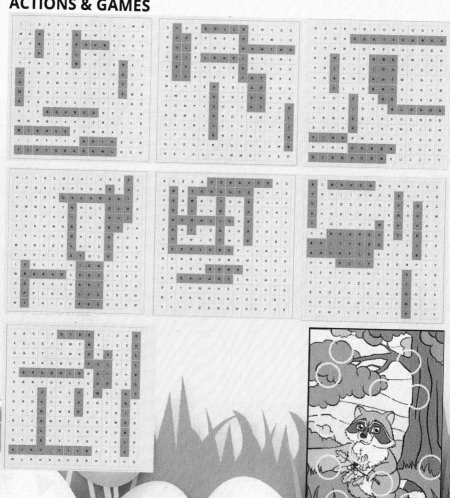

| BOUNCE | TIPTOE | SLIDE | POUNCE |
| WIGGLE | SPRINT | CLIMB | SCURRY |
| CRAWL | ROLL | SWING | LEAP |

## EMOTIONS & CELEBRATIONS

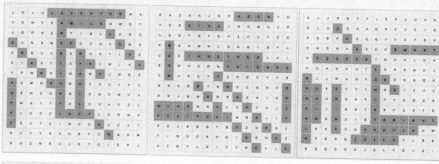

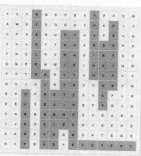

HAPPY  SMILE
LOVE   CHEER
FAMILY MERRY

Made in the USA
Columbia, SC
13 April 2025